essentials

essentials liefern aktuelles Wissen in konzentrierter Form. Die Essenz dessen, worauf es als „State-of-the-Art" in der gegenwärtigen Fachdiskussion oder in der Praxis ankommt. *essentials* informieren schnell, unkompliziert und verständlich

- als Einführung in ein aktuelles Thema aus Ihrem Fachgebiet
- als Einstieg in ein für Sie noch unbekanntes Themenfeld
- als Einblick, um zum Thema mitreden zu können

Die Bücher in elektronischer und gedruckter Form bringen das Expertenwissen von Springer-Fachautoren kompakt zur Darstellung. Sie sind besonders für die Nutzung als eBook auf Tablet-PCs, eBook-Readern und Smartphones geeignet. *essentials:* Wissensbausteine aus den Wirtschafts-, Sozial- und Geisteswissenschaften, aus Technik und Naturwissenschaften sowie aus Medizin, Psychologie und Gesundheitsberufen. Von renommierten Autoren aller Springer-Verlagsmarken.

Weitere Bände in der Reihe http://www.springer.com/series/13088

Burkhard Wehner

Die politische Logik des bedingungslosen Grundeinkommens

Zum Bürgergeld im 22. Jahrhundert

Burkhard Wehner
Horst, Deutschland

ISSN 2197-6708   ISSN 2197-6716   (electronic)
essentials
ISBN 978-3-658-20226-2   ISBN 978-3-658-20227-9   (eBook)
https://doi.org/10.1007/978-3-658-20227-9

Die Deutsche Nationalbibliothek verzeichnet diese Publikation in der Deutschen Nationalbibliografie; detaillierte bibliografische Daten sind im Internet über http://dnb.d-nb.de abrufbar.

Springer VS

Gedruckt auf säurefreiem und chlorfrei gebleichtem Papier

Springer VS ist Teil von Springer Nature
Die eingetragene Gesellschaft ist Springer Fachmedien Wiesbaden GmbH
Die Anschrift der Gesellschaft ist: Abraham-Lincoln-Str. 46, 65189 Wiesbaden, Germany

Was Sie in diesem *essential* finden können

- Die politischen Prozesse und Verfahren, in denen ein Bürgergeldsystem realisiert werden könnte.
- Die Widersprüche zwischen Bürgergeldsystem und herkömmlicher Demokratie.
- Der Zeitbedarf für die Einführung eines Bürgergeldsystems.
- Zusätzliche, bisher kaum beachtete Einsatz- und Wirkungsmöglichkeiten des Bürgergeldes.

Inhaltsverzeichnis

Bedingungsloses Grundeinkommen oder Bürgergeld?

1

Das bedingungslose Grundeinkommen ist eines der politischen Themen, über die eine sachliche Diskussion nur noch schwer zu führen ist. Dabei rühren die Streitigkeiten weniger von unterschiedlichen ökonomischen Berechnungen her als von ideologischen und politischen Vorfestlegungen. Zu einer neuen Sachlichkeit kann die Diskussion daher nur finden, wenn neben der ökonomischen auch die komplexe politische Logik des bedingungslosen Grundeinkommens offengelegt wird. Diese politische Logik ist der Schlüssel zu der Frage, ob, wie, wo und wann ein bedingungsloses Grundeinkommen realisierbar werden könnte.

In ökonomischer Hinsicht darf man zumindest über Eines Einigkeit unterstellen: Ein bedingungsloses Grundeinkommen ist bezahlbar. Dies ist aber eine triviale Feststellung. Dass es einen Betrag größer null gibt, den der Staat seinen Bürgern regelmäßig als Grundeinkommen auszahlen könnte, wird niemand bestreiten. Umso heftiger wird aber der Streit, sobald ein konkret beziffertes höheres Grundeinkommen zur Diskussion steht. Dann wird dieses Grundeinkommen – je nach ideologischer Neigung – z. B. als Auswuchs ökonomischer Ignoranz, als linke Utopie oder als Feigenblatt eines neoliberalen Systems abqualifiziert. Dass das bedingungslose Grundeinkommen Eingang in Parteiprogramme gefunden hat und immer mehr auch in Printmedien und Talkshows diskutiert wird, macht eine Versachlichung der Debatte nicht leichter. Daran wird sich auch wenig ändern, wenn die sozialen und ökonomischen Auswirkungen eines bedingungslosen Grundeinkommens in staatlich organisierten Feldversuchen ergründet

---

Die hier vorgetragenen Argumente gehen auf frühere Publikationen und Begriffsbildungen des Autors zurück. Zu einer Übersicht s. http://www.reformforum-neopolis.de/ reformforum/sozialstaat.html bzw. http://www.reformforum-neopolis.de/reformforum/ gesamtkatalog.html.

© Springer Fachmedien Wiesbaden GmbH 2018
B. Wehner, *Die politische Logik des bedingungslosen Grundeinkommens*,
essentials, https://doi.org/10.1007/978-3-658-20227-9_1

sein werden. Solche Feldversuche können nur vage Anhaltspunkte zu den Auswirkungen einer bestimmten Variante und Höhe des Grundeinkommens in einem bestimmten sozialen und sozialstaatlichen Umfeld liefern. Über das Für und Wider des bedingungslosen Grundeinkommens als solchen wird danach unvermindert weiter gestritten werden.

Viele Verfechter des bedingungslosen Grundeinkommens gingen in der Vergangenheit wie selbstverständlich davon aus, dieses Grundeinkommen müsse für sich genommen einen auskömmlichen Lebensunterhalt sichern. Je höher aber das Grundeinkommen angesetzt wird, desto schwieriger wird natürlich der Nachweis, dass es auf politisch annehmbare Weise finanzierbar wäre. Daher neigen Verfechter des Grundeinkommens zu einer gewissen Unbestimmtheit in der Finanzierungsfrage. Unbestimmt bleibt dabei oft, welche Steuern mit welchen Steuersätzen für die Finanzierung herangezogen werden sollen und wie bestehende Sozialversicherungen und Sozialtransfers bei Einführung des Grundeinkommens zu reformieren wären. Unklar bleibt oft auch die Abgrenzung des Kreises der Anspruchsberechtigten. Zudem herrschen unterschiedliche und z. T. unklare Vorstellungen über den Auszahlungsmodus, insbesondere die eventuelle Verrechnung des Grundeinkommens mit der Einkommensteuer. Am wenigsten Klarheit herrscht aber in der Frage, wie der Übergangsprozess vom bestehenden Sozialstaat zu einem System mit bedingungslosem Grundeinkommen gestaltet werden sollte. Wer dabei mit welchen Mehr- und Minderbelastungen und Risiken zu rechnen hätte und wie diese sich nach Einführung eines bedingungslosen Grundeinkommens im Zeitablauf entwickeln würden, darüber könnten sich die Bürger nach dem gegenwärtigen Stand der öffentlichen Debatte nicht einmal eine ungefähre Vorstellung machen.

Solche Intransparenz begünstigt natürlich Ängste, berechtigt wie unberechtigte, bei einem Systemwechsel zu den Verlierern zu gehören, und diese Ängste werden durch ideologische Aufgeregtheiten noch verstärkt. Viele Verfechter des bedingungslosen Grundeinkommens suchen Zustimmung vorrangig bei einer bestimmten ideologischen Klientel und präsentieren ihre Konzepte auf eine Weise, die außerhalb dieser Klientel spontane Abwehrreflexe auslöst. All das macht es jener Mehrheit leicht, die dem bedingungslosen Grundeinkommen spontan mit negativem Vorurteil begegnet. Vor diesem Hintergrund war es nur folgerichtig, dass das bedingungslose Grundeinkommen 2016 in einem Schweizer Volksentscheid mit großer Mehrheit verworfen wurde. Nur etwa ein Zehntel der Wahlberechtigten gab ein zustimmendes Votum ab.

So klar dieses Abstimmungsergebnis war, so unklar ist aber, was hier eigentlich verworfen wurde. Klar ist nur: Um das bedingungslose Grundeinkommen in jedweder Form und Höhe kann es dabei nicht gegangen sein. Verworfen wurden eher eine von den Initiatoren des Referendums in Aussicht gestellte Größenordnung des Grundeinkommens und die damit verbundenen Risiken.

Dennoch hinterlässt ein so klar gescheitertes Referendum Spuren im öffentlichen Bewusstsein. Verlierer solcher Referenden können nicht nur Personen und Organisationen, es können auch Begriffe sein. In diesem Fall gehört zu den Verlierern der Begriff des bedingungslosen Grundeinkommens. Auf diesem Begriff lasten danach nicht mehr nur seine ideologischen Vereinnahmungen im öffentlichen Diskurs, sondern auch die konkrete Erfahrung, dass eine überwältigende Mehrheit der Bürger und Wähler ihm misstraut.

Vor diesem Hintergrund erscheint es angebracht, in der Grundeinkommensdebatte einen begrifflichen Neustart zu versuchen. Dadurch würde es leichter, den Grundeinkommensdiskurs u. a. von der verbreiteten Vorfestlegung zu lösen, das Grundeinkommen allein müsse eine auskömmliche Lebenshaltung gewährleisten, die zudem möglichst über dem Niveau bestehender Grundsicherungen liegen solle. So hoch müsste ein Grundeinkommen keineswegs bemessen sein, um seine vielfältigen positiven Wirkungen zu entfalten.

Die Verwendung gänzlich neuer Begriffe für bekannte Konzepte kann natürlich auch neue Verwirrung stiften. Für das bedingungslose Grundeinkommen muss aber nicht auf einen ganz neuen, es kann auch auf den vormaligen Begriff Bürgergeld zurückgegriffen werden. Auch dieser Begriff hat eine bewegte Geschichte, insofern auch er parteipolitisch instrumentalisiert und im öffentlichen Diskurs zunehmend vieldeutiger verwendet wurde. Dies dürfte aber weit genug zurückliegen, um auf den eingängigen Bürgergeldbegriff mittlerweile erneut und fruchtbar zurückgreifen zu können. Im Folgenden soll daher, wo angebracht, dem Bürgergeldbegriff der Vorzug vor dem des bedingungslosen Grundeinkommens gegeben werden. Damit lässt sich das politische Konsenspotenzial des Grundeinkommenskonzepts unvoreingenommener ausloten.

Der Übergang ins Bürgergeldsystem – ein Generationenprojekt 2

Über das bedingungslose Grundeinkommen wird diskutiert, als gehe es dabei um eine politische Entscheidung wie viele andere, z. B. wie eine gewöhnliche Steuerreform. Von genau dieser Annahme war auch die Initiative zum Schweizer Referendum geprägt. Die Entscheidung über die Einführung eines Bürgergeldsystems wäre aber etwas politisch nie Dagewesenes. Es wäre eine Entscheidung über einen äußerst langfristigen umwälzenden Veränderungsprozess, wie er aus den Verfahren der herkömmlichen Demokratie bisher nicht hervorgegangen ist. Daraus erklärt sich auch, wie schwach das politische Vorstellungsvermögen für diesen Prozess entwickelt ist.

Um über umwälzende Konzepte wie das Bürgergeld rational diskutieren zu können, muss man Zweierlei strikt auseinanderhalten: das langfristige Ziel und die davorliegenden Übergangsprozesse. Langfristig geht es darum, wie eine Gesellschaft sich unter den Bedingungen des Bürgergeldes qualitativ verändert. Ob sie also auf lange Sicht u. a. gerechter, wohlhabender, freier, dynamischer, lebendiger und kreativer wäre oder ob eher das Gegenteil der Fall wäre. Im Übergangsprozess dagegen steht eher die Frage im Vordergrund, wer die anfänglichen Gewinner und Verlierer wären. Dabei geht es um materiellen Gewinn und Verlust, aber auch um ideologischen und politischen, um Gewinn und Verlust also von Deutungshoheit, von Wählerstimmen, von Einfluss und von Macht. Genau hierum wird – explizit oder implizit – in der bisherigen öffentlichen Auseinandersetzung um das bedingungslose Grundeinkommen am heftigsten gerungen. Dessen streitbare Gegner sind daher großenteils dort zu suchen, wo bei einem Systemwechsel am ehesten Bedeutungs- und Machtverlust zu befürchten sind.

Eine weitsichtige Diskussion um das Bürgergeld dagegen würde sich auf solch kurzfristigen Interessen- und Meinungsstreit als Allerletztes einlassen. Im Vordergrund stünde die langfristige gesellschaftliche Zielbestimmung, die Beschreibung also des gesellschaftlichen Zustandes, den ein Bürgergeldsystem herzustellen hilft.

© Springer Fachmedien Wiesbaden GmbH 2018   5
B. Wehner, *Die politische Logik des bedingungslosen Grundeinkommens,*
essentials, https://doi.org/10.1007/978-3-658-20227-9_2

Eines der großen Ziele des Bürgergeldkonzepts ist es ja gerade, den politischen Streit um die Verteilung von Einkommen und Wohlstand zu versachlichen und damit sozialen Frieden zu stiften. Wo Verfechter und Gegner des bedingungslosen Grundeinkommens einander scheinbar unversöhnlich gegenüberstehen, zeugt dies daher von einem Missverständnis. Es zeigt, dass das Konzept mit falschen Prämissen in den öffentlichen Diskurs eingeführt wurde.

Dagegen könnte man natürlich einwenden, bei Einführung eines Grundeinkommens würde es zwangsläufig Gewinner und Verlierer geben, und die Verlierer wären womöglich sogar in der Mehrheit. Daher sei eine harte politische Auseinandersetzung hierüber gerade in einer Demokratie unvermeidlich und sogar notwendig. Bürger, Interessenvertreter, Politiker, Meinungsführer und Experten würden sich zu Recht fragen, inwieweit ihre eigenen Interessen und die Interessen der Institutionen und Organisationen, mit denen sie sich verbunden fühlen, gewahrt würden und welche Überzeugungen, seien es politische, weltanschauliche, wissenschaftliche oder andere, in einem Bürgergeldsystem ins Wanken geraten könnten. Die Einführung eines Grundeinkommens im weitgehenden politischen Konsens sei daher illusorisch. Die politische Logik des Grundeinkommens könne also nichts anderes als eine Logik des Interessenkonflikts sein.

Dies ist zweifellos richtig, wenn man sich die Entscheidungsfindung zum Grundeinkommen als einen gewöhnlichen politischen Vorgang in den gewohnten Routinen der Demokratie vorstellt, letztlich also auch als Auseinandersetzung zwischen Parteien und parteipolitischen Lagern um Wählerstimmen. Ein nicht völlig unwahrscheinliches Szenario wäre demnach, dass eine dem Grundeinkommen zugeneigte Parteienkonstellation irgendwann die Gunst der Stunde nutzt und mit womöglich knapper parlamentarischer Mehrheit ein Grundeinkommen einführt. Mindestens ebenso wahrscheinlich wäre aber, dass danach dieses Grundeinkommen unter veränderten Mehrheitsverhältnissen alsbald wieder abgeschafft würde. Die absehbare Folge davon wäre, dass das Konzept des bedingungslosen Grundeinkommens generationenlang als politisch diskreditiert gälte. Insofern hätten die Verfechter des bedingungslosen Grundeinkommens allen Grund, vor kurzfristigen politischen Erfolgen auf der Hut zu sein. Auch in der Schweiz wäre ein positiver Ausgang des Grundeinkommensreferendums allenfalls ein Pyrrhussieg gewesen.

Jeder Versuch, ein Grundeinkommen kurzfristig in das bestehende, also in ein höchst unübersichtliches Sozialstaatssystem hineinzuoperieren, würde erst einmal die Unübersichtlichkeit des Gesamtsystems noch weiter steigern. Das allein könnte ausreichen, um eine eventuelle anfängliche Euphorie über das Grundeinkommen ins Gegenteil zu verkehren. In solcher gesteigerten Unübersichtlichkeit ließen sich Ängste und ließe sich neuer Verteilungsstreit leichter denn je mit populistischen und ideologischen Parolen schüren. Auf ein Grundeinkommen, das nicht von Anfang an von einer nachhaltigen parlamentarischen Mehrheit getragen ist, könnte daher politisch kein Verlass sein, nicht auf seinen Fortbestand, nicht auf seine Höhe und nicht auf die Ausgestaltung des zugehörigen Sozial- und Steuersystems. Solange es nicht in ein schlüssiges Konzept für einen langfristigen Systemübergang eingebettet wäre, würde das Grundeinkommen die verteilungs- und interessenpolitische Gemengelage noch komplizierter, noch unübersichtlicher und noch konfliktträchtiger werden lassen als zuvor.

Wie anders könnte man sich aber den Übergang vom bestehenden System zu einem Grundeinkommens-, also einem Bürgergeldsystem vorstellen? Wie könnte dieser Übergang dem gewöhnlichen politischen Alltagsstreit mit seinen populistischen Verkürzungen, wie könnte er gewöhnlichen Wahlkämpfen und wie könnte er den erratischen Auswirkungen kurzfristig wechselnder parlamentarischer Mehrheiten entzogen werden?

Die naheliegendste und in der Tat plausibelste Antwort hierauf ist: Es geht nicht, zumindest nicht in der Demokratie, wie wir sie kennen. Das würde bedeuten, dass die Demokratie keine geeigneten Verfahren für die Einführung eines Bürgergeldsystems bereitstellt.

Skeptiker des Bürgergeldkonzepts würden sich hiermit nur allzu bereitwillig abfinden. Nur wegen des Bürgergeldprojekts, würden sie argumentieren, sollten bewährte demokratische Regeln nicht infrage gestellt werden. Die Demokratie müsse nicht an das Bürgergeldkonzept angepasst werden, sondern der Sozialstaat an die bestehende Demokratie. Daraus resultierende Einschränkungen für die Gestaltung des Sozialstaats müsse man hinnehmen. Wenn das Bürgergeldprojekt politisch undurchführbar sei, dann liege der Fehler beim Bürgergeldkonzept und nicht bei der Politik.

Dies ist die naheliegendste und bequemste Antwort. Man kann aber auch eine ganz andere Schlussfolgerung ziehen. Man kann die Frage z. B. so stellen: Ob sich womöglich in der politischen Undurchführbarkeit des Bürgergeldprojekts ein grundsätzlicher Mangel der politischen Ordnung offenbart, etwa eine generelle Überforderung mit großen langfristigen Reformen. Wenn dies so wäre, müsste man fragen, wie das Bürgergeldprojekt vor der bestehenden parlamentarischen Demokratie gerettet werden könnte; ob also die bestehende Demokratie so weiterentwickelt werden könnte, dass das Bürgergeldprojekt zumindest auf längere Sicht politisch realisierbar erschiene. Das mag auf den ersten Blick als übertriebene und allzu radikale und daher abwegige Fragestellung erscheinen. Wie abwegig sie aber wirklich ist, hängt allein von den Reformen ab, denen die Demokratie zugunsten des Bürgergeldprojekts zu unterziehen wäre.

Die Vermutung, dass ein Projekt wie das Bürgergeld die bestehende Demokratie tatsächlich überfordern könnte, kann sich auf die politische Wirklichkeit berufen. Hierfür sprechen viele Beispiele unterlassener, abgebrochener und misslungener Reformen, die weit geringere Anforderungen an die Weitsicht, Vernunft und Moral von Politikern gestellt haben. Es lässt sich aber auch aus einfacher philosophischer Logik herleiten.

John Rawls hat in seiner Theorie der Gerechtigkeit dargelegt, dass über die Grundprinzipien der Verteilungsgerechtigkeit nur entscheiden sollte, wer dabei keine eigenen Interessen im Spiel hat.[1] Dies ist ein auf den ersten Blick sehr theoretischer, aber logisch umso schlüssigerer Gedanke. Demnach sollten Grundsatzentscheidungen über Verteilungsgerechtigkeit unter einem fiktiven „Schleier des Nichtwissens" über die je eigene Interessenlage getroffen werden. In solcher fiktiven Situation würden aktuelle Interessen und Interessenkonflikte bei der Entscheidung keine Rolle spielen.

Unter dem Schleier des Nichtwissens müsste jeder befürchten, letztlich – nach dem Lüften des Schleiers – selbst zu den Schlechtestgestellten einer Gesellschaft zu gehören. Jeder hätte daher ein Interesse daran, dass es den Schlechtestgestellten so gut geht wie irgend möglich. Eben dies wäre demnach der politisch angestrebte Zustand, wenn Interessenkonflikte und die damit verbundenen politischen Begleitphänomene wie Parteiengezänk, populistische Agitation und ideologische Polemik keine Rolle spielten. Hierüber besteht also philosophisch gesehen ein „eigentlicher" moralischer Verfassungskonsens. „Eigentlich" hat eine solidarische Gesellschaft alles daranzusetzen, das Los ihrer schlechtestgestellten Bürger zu optimieren.

In realen demokratischen Entscheidungsprozessen lassen Bürger und Politiker sich natürlich von kaum etwas so wenig inspirieren wie von solchen philosophischen Denkexperimenten. Dementsprechend weit ist die demokratische Praxis davon entfernt, sich einem fiktiven Konsens im rawlsschen Sinne zu unterwerfen. Umso drängender ist aber die Frage, ob nicht irgendwann doch reale politische Bedingungen geschaffen werden könnten, in denen über so fundamentale Fragen wie die Einführung eines Bürgergeldsystems annähernd im Geist des rawlsschen Gedankenexperiments entschieden würde, so vorurteilslos also, so uneigennützig und unideologisch wie irgend möglich.

Dies mag auf den ersten Blick utopisch erscheinen, aber gerade im Kontext der Bürgergeldfrage eröffnet sich hierfür ein durchaus realitätsnaher Lösungsansatz. Der Einfluss von Eigennutz auf die politische Entscheidung über ein Bürgergeldsystem ließe sich nämlich durch einen scheinbar sehr einfachen Verfahrenskunstgriff weitestgehend ausschalten. Dafür müsste nur ein Bürgergeld zur Entscheidung gestellt werden, von dem lebende Generationen ausgenommen

---

[1]Rawls (1971).

sind. Die lebenden Generationen müssten also über die Einführung eines Bürgergeldsystems nicht für sich selbst, sondern für die Nachgeborenen entscheiden.[2] In solchem Fall müsste kein lebender Bürger, kein lebender Politiker und kein lebender Diskursteilnehmer materielle oder sonstige persönliche Nachteile aus einer Entscheidung für ein Bürgergeldsystem befürchten.

Eine solche Entscheidungssituation wäre z. B. gegeben, wenn über einen Verfassungsartikel folgenden Inhalts zu beschließen wäre

- Es wird ein Bürgergeldsystem eingeführt.
- Empfänger von Bürgergeld werden alle Bürger künftiger Geburtsjahrgänge.
- Ansprüche früher geborener Bürger an das bestehende Sozialsystem bleiben vom Systemwechsel unberührt.
- Die weitere Ausgestaltung des Bürgergeldsystems regelt die Gesetzgebung.

Eine solche Entscheidungssituation käme der idealtypischen des philosophischen Denkexperiments zumindest nahe, und daher wäre bei dieser Fragestellung auch ein Ergebnis im rawlsschen Sinne naheliegend. Kein Bürger müsste bei diesem Umstellungsverfahren einen Systemumbruch am eigenen Leibe erdulden. Die kommenden Generationen würden wie selbstverständlich und ohne Verwerfungen in das neue System hineinwachsen, und die vorangehenden Generationen bekämen lebenslang die gleichen Leistungen, wie sie sie im alten System bekommen hätten. In der Übergangszeit würden also das alte und das neue sozialstaatliche Regelwerk eigenständig nebeneinanderstehen, das eine für die Bürger jüngerer Jahrgänge und das andere für die Bürger der vorangegangenen. Die lebenden wie die nachfolgenden Generationen, die Alt- und die Neubürger, könnten so dem Systemübergang gleichermaßen sorglos entgegensehen. Die Altbürger würden nach und nach aus dem alten System heraussterben, und damit würde dieses System ganz allmählich und konfliktfrei verschwinden. Die möglichen politischen Widerstände gegen die Einführung eines Bürgergeldsystems wären damit auf ein Minimum reduziert – und damit Chancen für eine politische Durchsetzung des Bürgergeldsystems auf das mögliche Maximum erhöht.

Trotzdem wären auch bei einem solchen allmählichen Systemwechsel Überschneidungen zwischen dem alten und dem neuen Regelwerk nicht ganz zu vermeiden. Um hier nur ein Beispiel zu nennen: Würde ein Bürgergeld für Nachgeborene sofort wirksam, würde also für alle neugeborenen Kinder sofort Bürgergeld gezahlt, dann müssten staatliche Vergünstigungen wie Kindergeld und andere, die Eltern nach dem alten Regelwerk zustehen, für Neugeborene ebenfalls sofort

---

[2]Wehner (1992, Abschn. 6.3) bzw. Wehner (1997, Abschn. 6.3).

beendet werden. Das wäre aber nicht nur ein komplizierter Eingriff in das Steuer-, Transfer- und Subventionssystem, der einer langfristigen Vorbereitung bedürfte. Bei einem Teil der Bürger, nämlich bei prospektiven Eltern, würde damit auch die angestrebte Interesseneutralität gegenüber dem Systemwechsel verfehlt.

Dies ließe sich vermeiden, wenn die Bürgergeldzahlungen an die Nachgeborenen zunächst für einen Zeitraum von z. B. 20 Jahren ausgesetzt würden. So lange würden dann das alte Kindergeld und andere Vergünstigungen, die Eltern nach dem alten Regelwerk zustehen, fortgesetzt werden. Erst 20 Jahre nach dem Beschluss des Systemwechsels würden dann die ersten Bürgergeldzahlungen fließen. Alle in und nach dieser Zeit Geborenen würden dann zu Bürgergeldempfängern werden.

Die Prägung durch die herkömmliche Demokratie macht es schwer, in solchen Zeiträumen politisch zu denken. Auch Verfechter des bedingungslosen Grundeinkommens werden sich schwerlich mit der Perspektive eines derart langen Vorlaufs für ihr Projekt arrangieren wollen. Letztlich hätten Einwände gegen das hier skizzierte Verfahren aber nur Gewicht, wenn sie sich auf vergleichbar konkrete Transformationsszenarien stützen könnten, die auf nachhaltige politische Mehrheiten hoffen ließen.

Würde das Bürgergeldsystem im hier skizzierten Verfahren eingeführt, dann würde es erst nach dem Tod des letzten beim Systemstart lebenden Bürgers, also nach etwa einem Jahrhundert, vollständig implementiert sein. Da zudem der politische Vorlauf, die Zeit also bis zum politischen Beschluss über den Systemstart, kaum weniger als ein halbes Jahrhundert dauern dürfte, würden bis zum vollständigen Abschluss einer Systemumstellung mindestens anderthalb Jahrhunderte vergehen. Dies mag ernüchternd klingen, aber mangels realistischer Alternativen bleibt nur die Wahl, aussichtsreich für einen so langfristig angelegten Systemübergang zu streiten oder aussichtslos für einen schnelleren.

Auch und gerade bei solchem Vorgehen würde der Systemübergang ein äußerstes Maß an politischer Weitsicht erfordern. Das ist aber in der politischen Problemlandschaft natürlich längst keine Besonderheit mehr. Auch in anderen Politikbereichen stehen immer langfristigere Entscheidungen an, die gravierende oder sogar irreversible Auswirkungen auf die Lebensbedingungen künftiger Generationen haben. Beispiele hierfür sind die Klimapolitik, die Bevölkerungspolitik, die Migrationspolitik, die Ressourcenpolitik, die Friedenspolitik und die Bildungspolitik.

Man müsste sich über die politische Kompetenz in der Bürgergeldfrage weniger Sorgen machen, wenn die Leistungen demokratischer Politik in diesen anderen Politikbereichen überzeugend wären. Das Gegenteil ist aber, wie die Klima- und Energiepolitik und eine lange Liste weiterer missratener, verzögerter, gescheiterter und unterlassener Reformen beweist, der Fall. Allein dies lässt schon erwarten, dass demokratische Politik mit dem Projekt der Einführung eines Bürgergeldsystems bei Weitem überfordert wäre. Hiermit würde demokratischen Politikern, Parteien, Parlamenten und Regierungen eine zusätzliche hoch komplexe Aufgabe aufgebürdet, die eine offenkundig schon bestehende Überforderung weiter zuspitzen würde. Insofern haben die Bürger guten Grund, ihrem ohnehin überforderten Staat nicht auch noch die Einführung eines Bürgergeldsystems aufzutragen. Die Skepsis der Bürger gegenüber dem Bürgergeldsystem ist insofern auch mit politischer Vernunft erklärbar. Aber auch Politiker würden, wenn sie sich mit dem Bürgergeldthema akut bedrängt sähen, die damit drohende Überforderung zumindest erahnen, und dieser erahnten Überforderung würden sie sich dann spontan erwehren wollen. Dies gelänge ihnen am besten durch gezielte Untätigkeit.

Zur Untätigkeit würde die Politik im hier vorgeschlagenen Verfahren noch aus einem anderen Grund neigen. Bei einem so weit in die Zukunft verschobenen Systemwechsel wäre Eigeninteresse ausgeschaltet, würde also Interessenneutralität herrschen und wäre die Entscheidung für ein Bürgergeldsystem damit eine reine Vernunftentscheidung. Für reine Vernunftentscheidungen sind in der Politik aber Engagement und Begeisterung schwer zu entfachen, und daher herrscht gegenüber solchen Entscheidungen immer eine Neigung zu politischer Gleichgültigkeit. Das gilt für die Bürger, und es gilt daher auch für Politiker. Ein Projekt, bei dem die Bürger emotional wenig engagiert sind, verspricht Parteien und Politikern wenig Gewinn an Stimmen und Macht. Darin hat die aus philosophischer Sicht idealtypische Entscheidungssituation ihre düstere realpolitische Kehrseite. So gewichtig daher die Vorteile des Bürgergeldkonzepts aus generationenübergreifender Perspektive sind, so schwer ließe sich dafür in den gewohnten demokratischen Verfahren das notwendige politische Momentum erzeugen.

Aus diesem Dilemma weisen auch gängige Grundsatzdebatten über die Demokratie keinen Ausweg. Bei diesen Debatten geht es zumeist um die Frage, ob die bestehende Parteiendemokratie die bestmögliche Politik für die Bürger gewährleistet oder ob mehr politische Entscheidungen direktdemokratisch getroffen werden sollten. Es geht also darum, ob herkömmliche repräsentative Organe politisch bestmöglich legitimiert sind oder ob die Legitimation durch Volksentscheide verbessert werden muss.

Für die Frage, wie über die Einführung eines künftigen Bürgergeldsystems entschieden werden sollte, hat diese Legitimitätsdiskussion aber keinerlei Relevanz. Weder gewählte Politiker noch gewählte Parteien noch gewählte Parlamente noch wählende Bürger wären für eine Entscheidung, von der nur künftige Generationen betroffen sind, im gewohnten Wortsinn politisch legitimiert. Kein Politiker könnte sich dabei auf ein Mandat derer berufen, die von der Entscheidung betroffen sein werden, und kein lebender Bürger und Wähler könnte sich dabei auf legitime Eigeninteressen berufen. Die Frage, wer bzw. welche Instanz am ehesten legitimiert wäre, über ein Bürgergeld für künftige Generationen zu entscheiden, muss daher jenseits der derzeit gängigen Demokratiediskurse beantwortet werden.

Bedingungslose Transparenz   3

3.1   Maximale Markttransparenz

Das Bürgergeldsystem ist ein fernes Ziel, und alle gegenwärtigen Diskussionen zu seiner Ausgestaltung, zur Finanzierung, zum zugehörigen Steuersystem, zum ergänzenden Sozialversicherungssystem und zur Eignung der politischen Entscheidungsverfahren befinden sich in seinem frühen Stadium. Allein die Bewusstseinsbildung in Sachen Bürgergeld wird noch ein Generationenprojekt sein. Trotzdem ist es keineswegs zu früh für den Versuch, Grundregeln für die Ausgestaltung eines Bürgergeldsystems vorzuschlagen. Nur in der Auseinandersetzung mit solchen Regelentwürfen kann die Meinungs- und Bewusstseinsbildung zum Bürgergeld die notwendigen Fortschritte machen.

Auf Eines müssen und sollten sich Verfechter des Bürgergeldkonzepts aber nicht frühzeitig festlegen: auf die Höhe des Bürgergeldes. Von einem künftigen Bürgergeld würden positive gesellschaftliche Wirkungen auch dann ausgehen, wenn seine Höhe deutlich hinter den gegenwärtig vorherrschenden Erwartungen zurückbliebe. Forderungen zur Höhe des Bürgergeldes müssen daher nicht an den Anfang, sie sollten eher ans Ende der Diskussion über das Bürgergeldsystem gestellt werden. Weit vorausgehen sollte dagegen die Diskussion darüber, mit welchem Steuer- und Sozialversicherungssystem ein Bürgergeldsystem zu verbinden wäre.

Eine der wichtigsten Voraussetzungen für die Überzeugungskraft eines Bürgergeldsystems wäre dessen Durchschaubarkeit. Je intransparenter ein System ist, desto schwieriger ist darüber ein rationaler Diskurs zu führen. Desto leichter wird es zum Nährboden von Ideologien, und desto leichter können auch Populisten unreflektierte Stimmungen dagegen oder dafür schüren. Insofern ist die Transparenz eines sozialstaatlichen Systems immer auch eine Grundvoraussetzung für nachhaltigen sozialen Frieden. Ein Bürgergeldsystem sollte daher

© Springer Fachmedien Wiesbaden GmbH 2018   13
B. Wehner, *Die politische Logik des bedingungslosen Grundeinkommens,*
essentials, https://doi.org/10.1007/978-3-658-20227-9_3

zum bestehenden, im Laufe seiner Geschichte immer intransparenter und starrer gewordenen sozialstaatlichen Regelwerk der Gegenwart in möglichst deutlichem Kontrast stehen.

Voraussetzung für größtmögliche Transparenz ist zunächst einmal größtmögliche Simplizität. Diese Voraussetzung erfüllt das Bürgergeld per se besser als andere sozialstaatliche Instrumente. Theoretisch könnte ein Bürgergeld durch nur eine Zahl definiert sein: als Betrag eines von der staatlichen Solidargemeinschaft jedem Bürger in jedem Alter und jeder Lebenslage, von der Geburt bis zum Tod und unabhängig von der Bedürftigkeit in gleicher Höhe gewährten Sockeleinkommens. Diese Simplizität wäre am besten gewahrt, wenn das Bürgergeld zudem das einzige Instrument staatlicher Umverteilung bliebe. Dies ist zwar nur ein theoretisches Ideal, aber die Praxis sollte sich hiervon nicht weiter entfernen als nötig. Jedes hinzukommende monetäre Umverteilungsinstrument verkompliziert die Verteilungspolitik, erschwert eine rationale Auseinandersetzung hierüber und erschwert damit Reformen des Sozialstaats.

Zur Transparenz eines Bürgergeldsystems gehört aber mehr als eine durchschaubare solidarische Umverteilung. Größtmögliche Klarheit sollte auch über die von den Marktprozessen hervorgebrachte primäre Einkommensverteilung herrschen. Je offener nämlich die Unzumutbarkeit dieser Primärverteilung zutage tritt, desto leichter sind Umverteilungsmaßnahmen politisch durchsetzbar. Desto besser wären damit auch die Voraussetzungen für das solidarische Gelingen eines Bürgergeldsystems.

Aus dem bestehenden Umverteilungssystem betrachtet, mag solche Offenlegung der primären Ungleichheit dennoch gewöhnungsbedürftig und womöglich sogar unerwünscht erscheinen. In diesem System wird Umverteilung großenteils verdeckt betrieben und damit die Ungleichheit der Primärverteilung verschleiert. Dies geschieht u. a. im Sozialversicherungssystem. So erhalten z. B. in der gesetzlichen Krankenversicherung alle Versicherten den gleichen Versicherungsschutz, sie zahlen dafür aber sehr unterschiedliche, nämlich einkommensabhängige Beiträge oder sie sind sogar beitragsfrei mitversichert. Auch die Teilung der Sozialversicherungsbeiträge zwischen Arbeitgebern und Arbeitnehmern trägt zur Verschleierung der Primärverteilung bei.

Im Bürgergeldsystem sollte Arbeitnehmern daher zunächst ihr „eigentliches" Primäreinkommen vollständig gutgeschrieben werden, einschließlich der Beträge, die im bestehenden System von Arbeitgebern an die Sozialversicherungen abgeführt werden. Aus einem unsichtbaren, faktisch unbemerkten Einkommensbestandteil würde dadurch zusätzliches wahrgenommenes Einkommen. Im Gegenzug würden Arbeitnehmer dann ihre Sozialversicherungsbeiträge vollständig selbst abführen.

Das bestehende Sozialversicherungssystem ist trotz all seiner Intransparenz in vielerlei Hinsicht bewährt, aber es muss deswegen nicht auch in einem Bürgergeldsystem das bestmögliche System sein. Transparenter und einfacher wäre es z. B., wenn in einem Bürgergeldsystem jeder Bürger gleich viel in die Sozialversicherungen einzahlte und damit den gleichen Versicherungsschutz erwürbe, einen gleich hohen Anspruch also auf Versicherungsleistungen u. a. bei Krankheit und verminderter Erwerbsfähigkeit und einen gleich hohen Rentenanspruch. Damit wären die Sozialversicherungen von verteilungspolitischen Aufgaben vollständig befreit.

Nicht alle Bürger und Familien könnten die dann anfallenden Versicherungsprämien aus ihrem primären Einkommen bezahlen, aber sie könnten es mithilfe des Bürgergeldes. Am politischen Willen, das Bürgergeld hierfür ausreichend zu bemessen, würde es nicht fehlen. Die mancherorts noch immer verbreitete Vorstellung, Umverteilung sei ein zwar notwendiges, aber möglichst gering zu haltendes Übel, dürfte in einem derart transparenten System den Rest von Plausibilität endgültig verlieren.

3.2 Maximal transparente Umverteilung

Eine rationale Verteilungsdiskussion setzt nicht nur Klarheit darüber voraus, wem wie viel Umverteilungsgeld gezahlt wird. Ebenso wichtig wäre Klarheit über die Herkunft der Mittel. Im Bürgergeldsystem sollte daher möglichst umstandslos erkennbar sein, wer wie viel zum Bürgergeldaufkommen beiträgt. Auch davon ist das bestehende Sozial- und Steuersystem weit entfernt.

Die Herkunft von Umverteilungsmitteln ist umso intransparenter, aus je mehr Quellen sie sich speist. Am transparentesten wäre sie dann, wenn ihre Mittel aus einer einzigen Quelle stammten. Daher sollte für die Umverteilung möglichst nur eine einzige Steuerart herangezogen werden. Um die Transparenz zu wahren, sollte zudem das Aufkommen aus dieser Steuerart ausschließlich für Umverteilung verwendet werden.

In einem transparenten Bürgergeldsystem gäbe es somit idealerweise eine zweckgebundene Solidarsteuer, deren Aufkommen ausschließlich für die Bürgergeldzahlungen verwendet wird. Für die Rolle einer solchen Solidarsteuer bietet sich die Einkommensteuer an. Nur dann, wenn das politisch gewollte Bürgergeld nicht nachhaltig aus der Einkommensteuer finanzierbar sein sollte, wenn es also z. B. Einkommensteuersätze erforderte, die in ihrer Wirkung dem Ziel des Bürgergeldsystems zuwiderliefen, sollte eine weitere Steuerart ergänzend herangezogen werden. Hierfür wäre vorrangig die Erbschaftsteuer in Betracht zu ziehen.

3.3   Bürgergeld und Sozialversicherungen

Ein so konzipiertes Bürgergeld soll nicht mit der Erwartung überfrachtet werden, es müsse allein einen auskömmlichen Lebensunterhalt sichern. Eine solche Erwartung ist nicht nur ökonomisch abwegig, sondern auch politisch. Weder in der Gegenwart noch in fernerer Zukunft kann ein so hoch bemessenes Bürgergeld von einer stabilen Mehrheit der Bürger gewollt sein. Realistischer ist dagegen die Annahme, ein für Bürger jeden Alters gleich hohes Bürgergeld könne für Kinder die Lebenshaltungskosten abdecken. Ein so bemessenes, für Kinder und Erwachsene gleiches Bürgergeld würde insofern als Familienförderung wirken, während es erwerbsfähige Alleinstehende und Kinderlose ebenso fordern wie fördern würde. Dieser Effekt würde der politischen Akzeptanz eines Bürgergeldprojekts sicher zugutekommen.

Wenn aber das Bürgergeld allein keinen auskömmlichen Lebensunterhalt sichert, dann muss daneben immer mindestens ein weiteres Einkommenselement zweifelsfrei verfügbar sein. Dies kann ein Arbeitseinkommen sein, und wo dieses nicht erzielbar ist, muss es eine Versicherungsleistung sein. Es muss also immer die Möglichkeit bestehen, zusätzlich zum Bürgergeld hinreichend bezahlte Arbeit zu finden oder die Leistung einer Sozialversicherung in Anspruch zu nehmen. Ein Bürgergeldsystem müsste daher durch ein lückenloses System von Pflichtversicherungen ergänzt werden, deren eventuelle Leistungen das Bürgergeld zu einem auskömmlichen Mindesteinkommen aufstocken. Notwendige Bestandteile eines solchen Versicherungssystems wären eine Rentenversicherung, eine Krankenversicherung, eine Pflegeversicherung, eine Arbeitsunfähigkeitsversicherung und ggf. eine Arbeitslosenversicherung.

Um die Lückenlosigkeit eines solchen Systems zweifelsfrei zu gewährleisten, müssten die Bürger schon vor bzw. bei ihrer Geburt in diese Versicherungen aufgenommen werden. So würden nachgeborene Generationen in dieses Versicherungssystem auf die gleiche Weise hineinwachsen wie in die Empfängerschaft von Bürgergeld, und so würden zudem von Beginn an auch angeborene Beeinträchtigungen einen Anspruch auf – ggf. lebenslange – Versicherungsleistungen begründen.

Viele heutige Verfechter des bedingungslosen Grundeinkommens würden eine solche kombinierte Mindestsicherung aus Bürgergeld und einem daran angepassten Sozialversicherungssystem vermutlich mit Argwohn betrachten. Aber nur in Verbindung mit einem solchen Versicherungssystem könnte ein Bürgergeld bzw. bedingungsloses Grundeinkommen nachhaltig politisch legitimiert sein. Denn selbst wenn irgendwann einmal ein Bürgergeld implementiert werden sollte, das allein ein auskömmliches Einkommen sicherstellt, gäbe es keinerlei Gewähr dafür, dass und wie lange es in dieser Höhe politisch bestehen würde. Wer aufrichtig für ein Bürgergeldsystem werben will, muss daher den Mut haben, die Höhe des Bürgergeldes als eine ungewisse politische Variable auszuweisen.

Variiert werden würde das Bürgergeld aber immer nur in Zusammenhang mit Überprüfungen und Modifikationen im Sozialversicherungssystem. Wo sich einmal ein langfristiger politischer Konsens über die Höhe der sozialen Mindestsicherung herausgebildet hat, würden Erhöhungen und Minderungen des Bürgergeldes immer durch Anpassungen bei den Sozialversicherungsleistungen kompensiert werden.

Dieser kompensierende Zusammenhang zwischen Bürgergeld und Leistungen der Sozialversicherung würde natürlich von Beginn an gelten, auch schon bei der Einführung eines Bürgergeldsystems. Auch und vor allem deswegen wäre bei der Entscheidung über ein Bürgergeldsystem die anfängliche Höhe des Bürgergeldes kein herausragendes Kriterium. Eine solche Entscheidung wäre auch dann moralisch gut begründet, wenn sich ein politischer Wille vorerst nur für ein bescheiden bemessenes Bürgergeld abzeichnete. Viele nachgeordnete Fragen, über die gegenwärtig noch politisch und wissenschaftlich erregt gestritten wird, könnten dabei viel späteren Debatten überlassen bleiben.

3.4 Bürgergeld, Mindestlohn und Beschäftigungsgarantie

Wenn im Bürgergeldsystem das Bürgergeld allein nicht zum auskömmlichen Leben reicht, werden alle verfügbaren Arbeitskräfte, also alle Erwerbsfähigen, ein Arbeitseinkommen erzielen wollen. Dann muss daher im Bürgergeldsystem für alle arbeitsfähigen Arbeitskräfte zumutbare Arbeit verfügbar sein. Es muss insofern Vollbeschäftigung herrschen, und dabei muss das Arbeitsentgelt zusammen mit dem Bürgergeld allen Beschäftigten einen auskömmlichen Mindestlebensstandard sichern.

In der jüngeren Vergangenheit haben solche Vollbeschäftigungszustände als nicht mehr erreichbar und insofern utopisch gegolten. Dies lässt sich aber auf ein Bürgergeldsystem nicht übertragen. Ein Bürgergeldsystem würde auf dem Arbeitsmarkt Bedingungen schaffen, die das Vollbeschäftigungsziel viel leichter erreichbar machen. Die entscheidende Veränderung wäre, dass Arbeitskräfte nicht mehr unter dem Druck ständen, ihren Lebensunterhalt allein aus dem Arbeitseinkommen zu bestreiten. Als Bürgergeldempfänger könnten sie sich leichter mit geringeren Mindestarbeitseinkommen arrangieren als im herkömmlichen Sozialsystem, und bei diesen geringeren Einkommen würden entsprechend geringere Leistungsanforderungen an sie gestellt. Auch Arbeitskräfte, die nur einen vergleichsweise geringen Wertschöpfungsbeitrag erwirtschaften wollen oder können, würden daher auf dem Arbeitsmarkt nicht ausgegrenzt. Auf diese Weise würde ein Bürgergeld selbsttätig in Richtung Vollbeschäftigung wirken.

Dies böte allerdings noch keine sichere Gewähr dafür, dass wirklich für jede zumutbare Arbeit das notwendige, zusammen mit dem Bürgergeld auskömmliche Mindestarbeitsentgelt gezahlt wird. Um dies zu gewährleisten, könnte daher auch in einem Bürgergeldsystem ein – entsprechend niedriger – gesetzlicher Mindestlohn eingeführt werden. Die Kombination von niedrigem Mindestlohn und Bürgergeld würde dann die politisch gewollte materielle Mindestsicherung für alle Beschäftigten sicherstellen.

Auch ein niedriger Mindestlohn ist andererseits immer auch ein potenzielles Beschäftigungshemmnis, und er kann insofern einer lückenlosen Vollbeschäftigung im Wege stehen. Daher müsste auch im Bürgergeldsystem ein weiteres Lenkungsinstrument eingesetzt werden, damit tatsächlich alle verfügbaren Arbeitskräfte Arbeit finden können. Hierfür böte sich ein staatlich organisierter oder geförderter, also ein sogenannter zweiter Arbeitsmarkt an, für den dann natürlich auch der niedrige gesetzliche Mindestlohn gelten müsste. Dieser zweite Arbeitsmarkt würde dann aber einen viel kleineren Personenkreis umfassen als im bestehenden Sozialstaat.

Auf diesem „kleinen" zweiten Arbeitsmarkt dürften dann natürlich keine schlechteren, weniger zumutbaren Arbeitsbedingungen herrschen als auf dem Normalarbeitsmarkt, und zudem müsste dort das Spektrum der Arbeitsinhalte sehr breit gefächert sein. Zu diesem Zweck könnte die staatliche Solidargemeinschaft z. B. als Zeitarbeitsagentur agieren, die ihre Arbeitskräfte auskömmlich bezahlt, aber ggf. zu Sonderkonditionen in den Normalarbeitsmarkt vermittelt. Darüber hinaus müsste sie aber auch in Eigenregie bezahlte Beschäftigung und bezahlte Aus- und Weiterbildungen möglichst vielfältiger Art anbieten. Dabei sollte die Bezahlung nicht strikt an messbare Arbeits- oder Lernerfolge, sie könnte aber an eine Anwesenheitspflicht geknüpft sein. So wäre gewährleistet, dass Tätigkeiten auf solchem zweiten Arbeitsmarkt auch nicht im Entferntesten Zwangscharakter hätten und dass sie daher als durchweg zumutbar und damit als politisch legitim gälten.

Bei optimaler Ausgestaltung könnte die Bereitstellung solcher geförderten Beschäftigungsmöglichkeiten sogar eine obligatorische Arbeitslosenversicherung entbehrlich machen.

Optimierung statt Maximierung – das Wirkungsspektrum des Bürgergeldes

4

So wenig wie die Höhe eines künftigen Bürgergeldes, so wenig könnte auch die Gestaltung der Sozialversicherungen, eines zweiten Arbeitsmarktes und eines eventuellen Mindestlohns für ein Bürgergeldsystem weit im Voraus bestimmt werden. Vorschläge hierfür können vorerst nicht mehr tun, als die Fantasie für die Möglichkeiten der Sozialpolitik im Bürgergeldsystem zu stärken. Genau darauf aber, auf das Vorstellungsvermögen für diese Möglichkeiten, wird es im politischen Prozess in Sachen Bürgergeld ankommen. Die politische Bereitschaft, für nachfolgende Generationen ein Bürgergeldsystem auf den Weg zu bringen, kann nur wachsen, wenn Bürger und politische Akteure sich das langfristige gesellschaftliche Veränderungspotenzial des Bürgergeldkonzepts wenigstens in den Grundzügen erschlossen haben.

Das Bürgergeld zielt nicht nur auf materielle Verteilungsgerechtigkeit ab, sondern auf soziale Gerechtigkeit in einem umfassenderen moralischen Sinn. Ein Bürgergeldsystem wäre einem herkömmlichen sozialen Sicherungssystem daher qualitativ auch dann deutlich überlegen, wenn es keine höhere materielle Mindestabsicherung gewährleistete. Dies ergibt sich schon daraus, dass die Zahlung des Bürgergeldes an keinerlei Voraussetzungen geknüpft ist. Dies beugt den Belastungen und Stigmatisierungen vor, die mit Bedürftigkeitsprüfungen unvermeidlich einhergehen. Bedürftigkeitsprüfungen bringen Einmischungen des Staates in private Lebensumstände mit sich, die von vielen als übergriffig und entwürdigend erlebt werden. Hiergegen richtet sich ein spontaner sogenannter Nichteinmischungsanspruch. Eine konsequent solidarische Gesellschaft würde diesen Anspruch bestmöglich respektieren, zumal solche Einmischungen gerade die Schwächsten bzw. Schlechtestgestellten ihrer Bürger treffen.

Auch vom bedingungslosen Grundeinkommen werden indes Varianten erörtert, die diesem Ziel entgegenstehen. Ein Solidarstaat könnte – z. B. um das

© Springer Fachmedien Wiesbaden GmbH 2018
B. Wehner, *Die politische Logik des bedingungslosen Grundeinkommens*,
essentials, https://doi.org/10.1007/978-3-658-20227-9_4

rechnerische Volumen der Umverteilung zu verringern – das einem Bürger zu zahlende Grundeinkommen mit dessen ggf. geschuldeter Solidarsteuer verrechnen. Der Staat würde dann erst einmal die Steuerschuld des jeweiligen Bürgers ermitteln, diese um das Grundeinkommen mindern und den danach ggf. anfallenden Überschuss auszahlen. Damit wäre aber ein essentieller Zweck des Grundeinkommens verfehlt. Denn ein gezahltes Bürgergeld wäre von anderer, nämlich höherer Qualität als eine gleich hohe Minderung der Steuerschuld. Eine Verrechnung von Bürgergeld und Steuerschuld wäre daher eine Systemvariante zum Nachteil der Bürger.

Mit dem „echten", also tatsächlich bedingungslosen Bürgergeld gäbe der Staat das Signal: Hier bekommst du ein nicht aufrechenbares Sockeleinkommen, das dir in guten wie in schlechten Zeiten sicher ist. Eines, um das du nicht kämpfen oder streiten musst, mit keinem Sozial-, keinem Finanz- oder sonstigen Amt, mit keiner Renten-, keiner Arbeitslosen- oder sonstigen Versicherung. Das Bürgergeld ist daher nicht nur materielle Existenzsicherung, es hat u. a. auch die Qualität einer Risikoprämie. Es ist ein vorauseilendes Signal an alle Bürger, dass ihnen ein Mindestmaß an materieller Kontinuität lebenslang verlässlich gesichert ist. Es signalisiert: Ihr alle seid und bleibt auf dem gleichen, dem politisch höchstmöglichen Mindestniveau abgesichert. Das Bürgergeld ist insofern ein Stück lebensweltlicher Kontinuitätssicherung angesichts der oft bedrohlich erscheinenden Diskontinuität, die das Marktgeschehen in der Arbeits- und für die private Lebenswelt mit sich bringt. Damit ist es auch eine vorauseilende Kompensation für die Zumutungen, denen abhängig und selbstständig Beschäftige in der Arbeitswelt ausgesetzt sein können. Es mildert und begrenzt damit auch soziale Abstiegsängste, objektiv begründete wie subjektiv empfundene. Aus anderer ideologischer Perspektive gesehen wäre das Bürgergeld insofern auch eine lebenslange Kompensation für die Zumutungen kapitalistischen Wirtschaftens.

Kontinuitätssicherung und Risikobegrenzung durch das Bürgergeld wirken positiv auf die Lebensqualität der Bürger, aber auch rein wirtschaftlich haben sie wichtige positive Effekte. Sie stärken die wirtschaftliche Risikobereitschaft, und sie stärken damit auch die Kreativität und den Mut zur Innovation. Dies gilt für alle wirtschaftlich aktiven Bürger, sei es als abhängig Beschäftige oder als Selbstständige, als kleine oder mittelständische Unternehmer, als Dienstleister, Handwerker, Bauern oder Künstler oder in sonstigen Funktionen im Wirtschaftsleben. Wo aber Risikobereitschaft, Kreativität und Innovationskraft wachsen, macht dies die Wirtschaft insgesamt dynamischer und entstehen mehr Chancen für alle. Dies wiederum steigert die Wirtschaftsleistung und damit den allgemeinen materiellen Wohlstand.

Solche qualitativen Effekte gehen vom Bürgergeld als solchem aus, aber kaum geringer einzuschätzen ist der qualitative Effekt der Transparenz, die einem ausgereiften Bürgergeldsystem zu eigen wäre. Gerade in Sachen Umverteilung und sozialer Gerechtigkeit dient die Transparenz nicht etwa nur dazu, das System effizienter zu machen, es also im technokratischen Sinne zu optimieren. Die Transparenz würde auch verzerrten Wahrnehmungen von sozialer Ungleichheit und den damit verbundenen einseitigen politischen Einstellungen entgegenwirken, und sie würde damit ideologischer Verführung, populistischer Agitation und politischem Extremismus den Nährboden großenteils entziehen.

Dies wäre sicher nicht das Ende aller Verteilungskonflikte, aber vielleicht das Ende solcher irrationalen, die neben vielen anderen auch die Schlechtestgestellten zu Verlierern machen. Verteilungskonflikte würden sich vorrangig auf die Höhe des Bürgergeldes konzentrieren, und damit würden sie als friedliches, regelkonformes Ringen um politische Mehrheiten in dieser Frage ausgetragen. Dies würde die Bürger nicht nur Verteilungspolitik anders und mit weniger Verdruss erleben lassen. Es würde auch positiv auf das Politikerlebnis als ganzes ausstrahlen. Damit würde ein Bürgergeldsystem in seiner politischen Bedeutung weit über die Sozial-, Finanz- und Wirtschaftspolitik hinausreichen.

Die für diesen Effekt notwendige Systemtransparenz kann nur geschaffen werden, wenn die bestehende Ordnung von historischem Ballast befreit wird, wie er sich im bestehenden Sozialstaat aufgebaut hat. Dies ist nicht als einmaliger Akt mit einmaliger Wirkung zu verstehen. Wenn eine erstarrte intransparente Ordnung von einer nachhaltig transparenten abgelöst wird, dann schützt dies diese neue Ordnung zugleich nachhaltig vor neuer Erstarrung.

Dies macht die Transparenz, wie sie in einem Bürgergeldsystem beispielhaft verwirklicht wäre, zu einer politischen Systemeigenschaft von höchstem Rang. Sie sorgt für politische Rationalität, ein positives Politikerlebnis und für die künftige Reformierbarkeit der politischen Ordnung. Daher drängt es sich geradezu auf, ein Recht auf politische Transparenz als Grundrecht in künftige Verfassungen aufzunehmen. Wenn ein solches konstitutionelles Transparenzgebot einmal existierte, dann ließe sich daraus wiederum ein Gebot zur Einführung eines Bürgergeldsystems herleiten. Ein Grundrecht auf politische Transparenz könnte insofern ein Trojanisches Pferd sein, mit dem das Bürgergeldsystem in die Wagenburg einer erstarrten politischen Ordnung eingeschleust würde.

Bürgergeld, Arbeitsanreiz und Steuerlast 5

Es gibt zwei wirklich schwerwiegende Einwände gegen das Bürgergeldsystem, die einer fundierten Erwiderung bedürfen. Einer der Einwände richtet sich gegen den erwarteten Anstieg der Steuerlast und dessen Folgen. Er besagt, die Steuerlast würde in einem Bürgergeldsystem so stark ansteigen und Leistungsanreize und Investitionsbereitschaft würden dadurch so stark gemindert werden, dass die Wirtschaftsleistung und damit auch der umverteilbare Wohlstand erheblich zurückgingen. Mit dem umverteilbaren Wohlstand würde dann auch das Niveau der sozialen Mindestsicherung sinken.

Der andere wesentliche Einwand verweist auf direkte Auswirkungen auf den Arbeitsmarkt. Empfänger von Bürgergeld, heißt es, könnten es sich leisten, nicht oder zumindest weniger zu arbeiten als im bestehenden Sozialsystem, und sie würden diese Möglichkeit in großem Umfang nutzen. Auch hierdurch würde die Wirtschaftsleistung und würde damit der umverteilbare Wohlstand gemindert, und auch dies lasse letztlich das Niveau der sozialen Mindestsicherung sinken. Das Bürgergeld würde also das Gegenteil dessen bewirken, was es bewirken soll, nämlich weniger statt mehr sozialer Gerechtigkeit.

Diese Einwände nehmen etwas für selbstverständlich, was alles andere als selbstverständlich ist: dass in einem Bürgergeldsystem tatsächlich ein so kontraproduktives Bürgergeldniveau politisch durchsetzbar wäre. Damit wird unterstellt, dass in einem Bürgergeldsystem weniger wirtschafts- und sozialpolitische Vernunft herrschen würde als im bestehenden System. Für eine solche Unterstellung gibt es natürlich keinerlei Grund.

Ebenso töricht wäre es andererseits, demokratischer Politik im Umgang mit einem künftigen Bürgergeld besondere Weisheit und Weitsicht zu unterstellen. Trotzdem gibt es durchaus gute Gründe, von einem Bürgergeldsystem erhöhte fachliche und moralische Kompetenz zu erwarten. Da ein Bürgergeldsystem erheblich einfacher und transparenter wäre als der herkömmliche Sozialstaat,

© Springer Fachmedien Wiesbaden GmbH 2018

B. Wehner, *Die politische Logik des bedingungslosen Grundeinkommens,*
essentials, https://doi.org/10.1007/978-3-658-20227-9_5

wären dort Ursachen und Wirkungen politischer Entscheidungen einander viel leichter zuzuordnen. Entscheidungen zur Ausgestaltung des Bürgergeldsystems könnten daher rationaler getroffen werden als vergleichbare Entscheidungen im herkömmlichen System. Entsprechend leicht wären daher negative Folgen solcher Entscheidungen vermeidbar.

Es gibt andererseits auch Skeptiker, die vom Bürgergeldsystem nicht ein Zuviel, sondern eher ein Zuwenig an Umverteilung erwarten. Auch dies beruht aber auf einer grundlosen Unterstellung. Hierbei wird als selbstverständlich angenommen, dass in einem Bürgergeldsystem die Politik moralische Orientierung verlöre und marktradikale Mehrheiten ein unzulängliches Bürgergeld und unzulänglichen Sozialversicherungsschutz durchsetzen würden. Begründungen für diese Unterstellung finden sich nicht. Dabei wird auch übersehen, dass das Bürgergeld per se schon als institutionalisierte Mahnung wirkt, gesellschaftliche Solidarität in Politik umzusetzen.

Solche Einwände gegen das Bürgergeld fänden weniger Beachtung, wenn zur Höhe des Bürgergeldes weniger voreilige und einseitige Quantifizierungen verbreitet wären. Verfechter des Bürgergeldes können sich solchen Einwänden daher leicht entziehen, indem sie sich mit solchen Quantifizierungen zurückhalten. Umso engagierter könnten sie dann damit werben, welche weiten neuen Gestaltungsspielräume das Bürgergeldsystem dem Sozialstaat eröffnet und wie viel einfacher und transparenter und wie viel leichter beherrschbar es in jeder denkbaren Variante wäre.

Es gibt nur ein Szenario, bei dem die Bürgergeldidee sich tatsächlich als ein politisch wertloses Theoriekonstrukt erwiese. Wenn sich zeigte, dass nur bei einem geringfügen Bürgergeld die Steuerlast erträglich bliebe und die Arbeitsanreize hinreichend intakt, dann wäre dieses Bürgergeld die Mühen einer Systemumstellung tatsächlich nicht wert. Dies ist aber ein rein theoretisches Szenario. Um den Vorteilen des Bürgergeldsystems das nötige Gewicht zu verleihen, brauchte das Volumen staatlicher Umverteilung keineswegs höher zu liegen als im herkömmlichen System. Im oben dargestellten Übergangsszenario, das nur die Nachgeborenen in das Bürgergeldsystem hineinwachsen ließe, wäre eine ungefähre Beibehaltung des vorherigen Umverteilungsvolumens ohnehin für viele Jahre die politisch naheliegendste und konsensträchtigste Lösung.

Dabei könnte allerdings von Beginn an kontrovers diskutiert werden, ob Geld, das der Staat einem Bürger als Bürgergeld gibt und im Gegenzug als Solidarsteuer nimmt, dem Umverteilungsvolumen zuzurechnen ist. Dies ist ein Beispiel dafür, dass es in der Bürgergelddiskussion noch immer begrifflichen Klärungsbedarf gibt. Früher oder später wären darüber hinaus beim Übergang in ein Bürgergeldsystem viele staatliche Leistungen zu hinterfragen, die eine indirekte

Umverteilungswirkung haben. Beispiele hierfür sind staatlich betriebene und staatlich subventionierte Kindertagesstätten. In einem Bürgergeldsystem müsste der Solidarstaat entscheiden, inwieweit solche indirekte Umverteilung fortgesetzt wird und inwieweit sie durch das Bürgergeld entbehrlich wird. Solange diese und ähnliche Fragen nicht geklärt sind, ist eine rationale Diskussion über die anzustrebende Höhe eines Bürgergeldes kaum möglich.

Die politisch gewollte Höhe des Bürgergeldes richtet sich immer auch nach der verfügbaren Verteilungsmasse, und eine der Einflussgrößen der Verteilungsmasse ist die Erwerbsbeteiligung. Der Bürgergeldbegriff war ursprünglich mit einem Vollbeschäftigungskonzept verknüpft[1]. Das Bürgergeld sollte Arbeitskräften mit vergleichsweise geringer Leistungsfähigkeit mehr Beschäftigungsmöglichkeiten eröffnen und damit die Erwerbsbeteiligung steigern. Dieser Anstieg der Erwerbsbeteiligung sollte die Verteilungsmasse vergrößern, aus der das Bürgergeld finanziert wird. Daraus ließ sich ein erheblicher Selbstfinanzierungseffekt des Bürgergeldes herleiten.

Der Hintergrund dieser Annahme war ein Zustand lang anhaltender hoher Arbeitslosigkeit. Seither hat sich die Arbeitslosigkeit vor allem in Deutschland deutlich zurückgebildet, was teilweise auf temporäre, aber auch auf langfristig anhaltende Ursachen zurückzuführen ist. So hat z. B. die Ausweitung von Outsourcing, Zeitarbeit und sogenannter Minijobs eine Anpassung der Arbeitsentgelte an vergleichsweise geringe individuelle Wertschöpfungsbeiträge erheblich erleichtert. Dies hat dazu geführt, dass weniger Arbeitskräfte aus dem Arbeitsmarkt ausgegrenzt werden. Auch für Arbeitskräfte mit altersbedingt verringerter Leistungsfähigkeit haben sich die Chancen auf Erwerbsbeteiligung dadurch verbessert. Unter diesen veränderten Umständen kann sich ein Bürgergeld nicht in dem Maß durch erhöhte Erwerbsbeteiligung selbst finanzieren, wie es vormals anzunehmen war.

Diese Umstände gelten aber nicht überall und nicht auf ewig. Zumindest auf lange Sicht sind die Selbstfinanzierungsmöglichkeiten des Bürgergeldes daher als geografische und historische Variable zu betrachten. Auch in Ländern wie Deutschland könnten sie in einem künftigen Bürgergeldsystem für künftige Generationen eine bedeutende Rolle spielen.

---

[1]Wehner (1990) und Wehner (1992).

Bürgergeld und Staatsordnung 6

Ein Bürgergeld würde den Sozialstaat vereinfachen, und in einem vereinfachten Sozialstaat würde natürlich auch die Sozialpolitik einfacher. Dies könnte auf den ersten Blick nahelegen, dass man um den Umgang der Politik mit einem künftigen Bürgergeld nicht besorgt sein müsste. Das Gegenteil ist aber der Fall. Das Bürgergeldsystem würde zwar die Anforderungen an die Politik verringern, aber es würde zugleich Anforderungen von neuer und ungewohnter Art stellen. Dass solche neuartigen Anforderungen von Politikern, Parteien und staatlichen Organen herkömmlicher Art erfüllt werden könnten, von Personen und Organisationen zumal, die zugleich für alle andere Politik zuständig sind, ist alles andere als selbstverständlich.

Noch viel weniger ist aber zu erwarten, dass die gleichen Politiker, Parteien und staatlichen Organe den Übergang in ein Bürgergeldsystem erfolgreich ins Werk setzen könnten. Für einen Übergangsprozess der oben beschriebenen Art, einen so einschneidenden und langfristigen, generationenübergreifend vorzubereitenden und generationenübergreifend zu vollziehenden Systemwandel wurden demokratische Institutionen nicht geschaffen. Die für einen solchen Prozess einzunehmende politische Perspektive erschließt sich aus philosophischem Denkexperiment, aber aus der politischen Logik der herkömmlichen Demokratie erschließt sie sich nicht.

Es gehört zum Wesen bestehender Demokratien, dass Parteien und Politiker ihr politisches Tun vorrangig am Ziel von Wahlerfolgen in kommenden Wahlen ausrichten. Für das Vorhaben, ein Bürgergeld für spätere Generationen einzuführen, ließe sich daher im herkömmlichen demokratischen Wettbewerb wenig Aufmerksamkeit, Verständnis oder gar Begeisterung erzeugen. Ein erst so weit in der Zukunft wirkendes Vorhaben kann in der bestehenden Demokratie allenfalls einen Nebenschauplatz im Wettstreit um Wählerstimmen einnehmen. Auf Nebenschauplätzen aber kann ein derart anspruchsvolles und forderndes Projekt nicht gedeihen. Dies umso weniger, als in bestehenden Demokratien selbst auf politischen Hauptschauplätzen kaum

© Springer Fachmedien Wiesbaden GmbH 2018   27
B. Wehner, *Die politische Logik des bedingungslosen Grundeinkommens*,
essentials, https://doi.org/10.1007/978-3-658-20227-9_6

mehr der Elan, die Leidenschaft und die Überzeugungskraft anzutreffen sind, die ein solches Projekt erfordern würde.

Es wundert daher nicht, wenn Parteien und Politiker sich einer solchen Jahrhundertaufgabe systematisch entziehen. Aber auch von den Bürgern ist hierfür allenfalls verhaltenes Engagement zu erwarten. Vollends unvorstellbar ist, dass irgendwann eine zivilgesellschaftliche Massenbewegung mit der dafür notwendigen Leidenschaft und jahrzehntelangen Beharrlichkeit auf die Einführung eines Bürgergeldsystems für nachfolgende Generation drängen könnte.

Überraschen kann all dies nicht. Dass einer Demokratie irgendwann einmal eine Entscheidung wie die Umstellung auf ein Bürgergeldsystem abverlangt würde, war bei ihrer Entstehung natürlich nicht im Entferntesten absehbar. Insofern wäre es nur ein glücklicher Zufall, wenn die Demokratie, wie sie ist, sich solcher Aufgabe gewachsen zeigte. Sich auf solchen glücklichen Zufall zu verlassen wäre grobe politische Fahrlässigkeit.

Konjunkturpolitik und Bevölkerungspolitik im Bürgergeldsystem

7

Das Bürgergeld wäre in erster Linie immer ein Instrument solidarischer Umverteilung, aber damit wären seine Einsatzmöglichkeiten bei Weitem nicht ausgeschöpft. Mindestens für zwei weitere bedeutende politische Zwecke könnte es sehr direkt und wirksam eingesetzt bzw. in Bereitschaft gehalten werden: für konjunkturelle Stabilisierung und für demografische Lenkung.[1]

Der konjunkturpolitische und der bevölkerungspolitische Einsatz des Bürgergeldes sind gleichermaßen naheliegend und einfach. Zur Abwendung und Milderung konjunktureller Abschwächungen könnte den Bürgern ein temporärer Zuschlag zum Bürgergeld, ein sogenanntes Konjunkturgeld, ausgezahlt werden. Ein solches Konjunkturgeld würde die Kaufkraft auf die denkbar direkteste und effektivste Weise steigern und damit den Konsum schnell, flächendeckend, zuverlässig und berechenbar steigern, und es würde damit auch die Investitionsbereitschaft stützen. Die größte Wirkung würde es dabei entfalten, wenn es nicht durch Staatsschulden finanziert würde, die den Kapitalmarkt belasten, sondern z. B. durch zinslose Zentralbankkredite an den Sozialstaat.[2] Zudem wäre ein solches Konjunkturgeld über jeden Verdacht erhaben, ungewollte Nebenwirkungen auf die Einkommens- und Vermögensverteilung auszulösen, wie sie herkömmlichen Maßnahmen der Konjunktursteuerung zu eigen sind. Ein solches Konjunkturgeld wäre damit herkömmlichen konjunkturpolitischen Steuerungsinstrumenten ökonomisch und politisch weit überlegen.

---

[1]Wehner (1992, Abschn. 6.1) bzw. Wehner (1997, Abschn. 6.1).

[2]S. hierzu auch: Wehner, Burkhard. *Die Logik der Geldpolitik.* In Wehner 1995, Kap. 13. Neufassung online unter http://www.reformforum-neopolis.de/files/die_logik_der_geldpolitik_1.pdf. Ergänzend dazu: Wehner (2004).

Bei Ausschüttungen von Konjunkturgeld müsste – wie bei allen konjunkturstützenden Maßnahmen – vermieden werden, dass dadurch unerfüllbare Ansprüche gegenüber dem Sozialstaat geweckt bzw. bewahrt werden. Um dem vorzubeugen, könnte ein Konjunkturgeld als Vorschuss auf künftige Bürgergelderhöhungen deklariert werden. Bei einer nachfolgenden konjunkturellen Überhitzung könnte früher ausgezahltes Konjunkturgeld dann ratenweise einbehalten werden. Auch diese Eingriffe wären den herkömmlichen an Effektivität und verteilungspolitischer Ausgewogenheit überlegen.

Solcher Einsatz von Konjunkturgeld zur Konjunktursteuerung erscheint auf den ersten Blick leicht verständlich und politisch leicht beherrschbar. Trotzdem ist es keineswegs selbstverständlich, dass bestehende staatliche Organe mit einem Konjunkturgeld wesentlich kompetenter und erfolgreicher umgehen würden als mit herkömmlichen Steuerungsinstrumenten. Das gilt für die Regierungen bestehender Staaten, aber es gilt auch für deren Zentralbanken und für die EZB. Daher wäre im Zusammenhang mit dem Bürgergeldprojekt gründlich zu erörtern, welche politischen Institutionen für den Umgang mit dem Konjunkturgeld am besten geeignet bzw. neu zu schaffen wären.

Das weitere Politikfeld, für das sich das Bürgergeld als Lenkungsinstrument geradezu aufdrängt, ist die Bevölkerungspolitik. Wenn die Geburtenziffern eines Landes von den politisch wünschenswerten abweichen, wenn sie also einen ungewollten Bevölkerungsrückgang oder ein ungewolltes Bevölkerungswachstum erwarten lassen, dann könnte die Politik im Bürgergeldsystem darauf mit Auf- oder Abschlägen zum Bürgergeld für Kinder reagieren. So könnte das Bürgergeld auch in der Bevölkerungspolitik eine führende Rolle spielen. Auch in dieser Verwendung wäre das Bürgergeld zudem verteilungspolitisch das denkbar unbedenklichste Instrument.

Ein erfolgreicher Einsatz würde allerdings auch hierbei besondere politische Voraussicht und Verlässlichkeit erfordern. Um möglichst zielgerichtet und direkt auf die Geburtenentwicklung zu wirken, dürften bevölkerungspolitische Auf- und Abschläge zum Bürgergeld nur für künftige, noch zu zeugende Kinder gelten. Zudem dürften sie nicht etwa nur für eine Legislaturperiode gesichert, sondern sie müssten bis zur Volljährigkeit der begünstigten künftigen Kinder verlässlich garantiert sein. Nur so könnten sie die gewünschte Wirkung auf das regenerative Verhalten entfalten.

Auch solcher Einsatz des Bürgergeldes wäre ein politisches Novum, und auch hierbei stellt sich daher die Frage, ob die bestehende Demokratie eine hierfür geeignete Instanz zu bieten hat. Verlassen sollte man sich auch hierauf nicht. Die Bevölkerungspolitik unterscheidet sich fundamental von fast allen Politikbereichen, mit denen Demokratien traditionell befasst waren und für die sie ursprünglich geschaffen wurden. Zudem galt es in demokratischen Staaten lange oder gilt es noch immer als illegitim, die Politik Einfluss auf das regenerative Verhalten seiner Bürger nehmen zu lassen. Daher wundert es nicht, dass demokratische Staaten in der Vergangenheit nur äußerst geringe bevölkerungspolitische Vernunft und Tatkraft gezeigt haben. Auch in einem Bürgergeldstaat wäre daher solche Vernunft und Tatkraft nicht ohne Weiteres zu erwarten.

Auch die Gewähr, dass ein bevölkerungspolitischer Bürgergeldaufschlag im obigen Sinne von der Geburt bis zur Volljährigkeit seiner Empfänger Geltung behielte, könnten herkömmliche demokratische Institutionen kaum glaubhaft leisten. Es wäre immer zu befürchten, dass Beschlüsse hierüber bei veränderten politischen Mehrheiten kurzfristig revidiert werden. Die Folge hiervon wäre, dass Eingriffe beim Kinder-Bürgergeld sich nur ungenügend auf das regenerative Verhalten auswirken. So sehr also Auf- und Abschläge zum Kinder-Bürgergeld die Bevölkerungspolitik bereichern und vereinfachen könnten, so zweifelhaft ist, ob diese Chancen in der bestehenden Demokratie erfolgreich genutzt würden.

Bürgergeld und spontane Solidarität 8

Das Bürgergeldkonzept soll den Sozialstaat einfacher und transparenter und damit politisch leichter beherrschbar machen und so die Voraussetzungen für mehr Solidarität und Gerechtigkeit schaffen. Je tiefer man aber in die politische Logik dieses Konzepts eindringt, desto mehr politische Grundsatzfragen drängen sich dabei auf, nicht nur in Sachen Staatsordnung. Dazu gehören auch Fragen, die unabhängig von der Bürgergeldfrage dringend zu diskutieren wären. Eine dieser Fragen ist so elementar, dass sie eigentlich jeder Erörterung des Bürgergeldkonzepts weit voranzugehen hätte: die Frage, in welchen Grenzen bzw. in welchem Kreis von Bürgern ein Solidarsystem wie gut funktionieren würde.

Die gleiche Frage kann natürlich auch für andere, also auch herkömmliche sozialstaatliche Systeme gestellt werden, aber sie spielt bisher in der politischen Diskussion kaum eine Rolle. Die Diskussion um das Bürgergeld sollte daher Anlass sein, sich mit dieser Frage gründlich zu befassen. Würde sie weiter ignoriert, könnten die Erwartungen an ein eventuelles künftiges Bürgergeldsystem zumindest mancherorts bitter enttäuscht werden.

Eigentlich ist es eine Binsenweisheit: Ein demokratischer Sozial- bzw. Solidarstaat setzt den solidarischen Willen bzw. das solidarische Empfinden seiner Bürger in praktische Politik um. Zumindest auf lange Sicht ist es anders kaum vorstellbar. Im Umkehrschluss bedeutet dies: Ein demokratischer Solidarstaat kann – zumindest auf Dauer – nicht in praktische Politik umsetzen, was nicht vom solidarischen Empfinden seiner Bürger getragen wird. Die Erfolgsaussichten solidarischer Politik sind also umso besser, je stärker das spontane Solidarempfinden unter den Bürgern ist. Und umgekehrt: Je schwächer die spontane Solidarität, desto schwerer ist solidarische Politik durchsetzbar. Desto geringer ist daher tendenziell die politisch durchsetzbare Mindestsicherung, und desto geringer fiele daher auch ein Bürgergeld aus.

© Springer Fachmedien Wiesbaden GmbH 2018

B. Wehner, *Die politische Logik des bedingungslosen Grundeinkommens,*
essentials, https://doi.org/10.1007/978-3-658-20227-9_8

Ein Staat kann natürlich versuchen, auf das solidarische Empfinden seiner Bürger selbst einzuwirken und damit die Voraussetzungen für solidarische Politik zu verbessern. Es dürfte aber kaum Beispiele dafür geben, dass dies auf Dauer erfolgreich sein kann. Versuche, spontane Solidarität staatlich zu verordnen, können sogar ins Gegenteil umschlagen. Wo ein sozialstaatliches Regelwerk das solidarische Empfinden überstrapaziert, werden die Bürger empfänglich für Forderungen, den Sozialstaat zurückzustutzen oder Teile der Solidargemeinschaft auszugrenzen. Eine weitsichtige solidarische Politik muss sich diesem Zusammenhang stellen, auch und gerade in einem Bürgergeldsystem. Nur wenn das spontane Solidarempfinden im Geltungsbereich des Systems hinreichend ausgeprägt ist, kann ein Bürgergeldsystem sich hinreichend stark und stabil entwickeln.

Hierbei spielen zwei weitere elementare Zusammenhänge eine Rolle, die auch eine noch so engagierte Sozialpolitik nicht außer Kraft setzen kann. Zum Einen: Solidarisches Empfinden hängt zu einem gewissen Grad von der Größe der Solidargemeinschaft ab. Je überschaubarer die staatliche Solidargemeinschaft, desto leichter ist daher eine starke Solidarpolitik durchsetzbar. Zum Anderen: Es besteht ein – zumindest loser – Zusammenhang zwischen spontaner Solidarität und der Homogenität der Solidargemeinschaft. Dies gilt insbesondere für die soziale, die kulturelle, die sprachliche und die ethnische Homogenität. Die Durchsetzbarkeit einer starken Solidarpolitik hängt daher zu einem gewissen Grad auch von der Homogenität der Solidargemeinschaft ab. Zumindest tendenziell gelänge ein solidarisches Bürgergeld also umso besser, je überschaubarer und homogener der Kreis seiner Empfänger ist.

Daraus ergibt sich eine durchaus brisante politische Schlussfolgerung. Wo nämlich die gesellschaftliche Solidarität zu schwach für eine starke Sozialpolitik ist, liegt es früher oder später nahe, die Abgrenzung und die Homogenität der Solidargemeinschaft politisch verändern zu wollen. Dann können Forderungen aufkommen, die gesellschaftliche Solidarität durch Neuabgrenzung der Solidargemeinschaft zu stärken. Auch ein Bürgergeldsystem könnte dann auf Dauer nur erfolgreich sein, wenn es den Kreis seiner Bürger und dessen Heterogenität einschränkte. In solchem Fall würde z. B. jede Politik, die mehr demografische Heterogenität zuließe oder auf eine Erweiterung der Staatsgrenzen hinwirkte, zumindest auf lange Sicht ein Scheitern bzw. einen Rückbau des Sozialstaats riskieren. Die Bürgergelddiskussion muss sich daher u.a. auch dieser Konsequenz stellen: Zuwanderung kann, wenn sie über eine kritische Schwelle demografischer Heterogenität hinausführt, die Voraussetzungen für ein funktionsfähiges Bürgergeldsystem untergraben.

Man kann daher annehmen, dass auch in einem Bürgergeldsystem die natürlichen Grenzen staatlicher Solidargemeinschaften nur in Ausnahmefällen über die

Grenzen bestehender Nationalstaaten hinausgehen würden. Ein Gebilde wie die EU ist ganz sicher bei Weitem zu groß und zu inhomogen, als dass in ihren Grenzen ein funktionsfähiges Bürgergeldsystem mit einem einheitlichen Bürgergeld möglich wäre. Gleiches kann aber auch für bestehende Nationalstaaten gelten.

Dies sind Beispiele, die letztlich auf ein allgemeines Prinzip rekurrieren, das sich z. B. so formulieren lässt:

Ein Sozialstaat kann nur stark und stabil sein, wenn er von seinen Bürgern als freiwillige Gemeinschaft empfunden wird, die Mitgliedschaft im Sozialstaat also als freiwillige Mitgliedschaft. Die Bürger sollen daher so frei wie möglich darüber entscheiden können, wer mit wem eine staatliche Solidargemeinschaft bildet.

Diese Freiheit ist Teil der an anderer Stelle sogenannten politischen Assoziationsfreiheit.[1] Je weiter diese Freiheit entwickelt wäre, desto leichter wäre ein anspruchsvolles Niveau solidarischer Mindestsicherung durchsetzbar, ggf. also auch eine ambitionierte Höhe des Bürgergeldes. Desto sicherer wäre damit auch der soziale Frieden.

Diese Dimension politischer Freiheit ist öffentlich noch kaum erörtert worden, und auch wenn im kommenden halben Jahrhundert ein konkretes Bürgergeldprojekt auf die Agenda kommen sollte, würde womöglich die Frage der Freiwilligkeit der Mitgliedschaft politisch noch immer ignoriert. Es dürfte aber nie und nirgendwo für selbstverständlich genommen werden, dass bestehende Staatsgrenzen sich als Grenzen erfolgreicher Sozialstaaten dauerhaft bewähren werden. Zumindest auf sehr lange Sicht ist nirgendwo auszuschließen, dass die Bürger sich für ihren Sozialstaat neu gezogene und ggf. eigene Grenzen wünschen.

In einem Land wie Deutschland mag dies schwer vorstellbar sein, aber auch für Deutschland ist das spontane Solidarempfinden der Bürger nicht für alle Zeiten festgeschrieben. Dass etwa die Bürger eines einzelnen Bundeslandes, die Bürger Bayerns z. B., in fernerer Zukunft einmal glauben könnte, ihrem spontanen Solidarempfinden würde ein eigener Solidarstaat am besten gerecht, ist aus heutiger Sicht kaum mehr als ein amüsantes Gedankenspiel. Solche Gedankenspiele könnten aber zumindest das Vorstellungsvermögen dafür stärken, dass bestehende Staatsvölker nicht notwendigerweise auch optimale Solidargemeinschaften sind.

Je transparenter ein Sozialstaat ist, desto eher werden dessen Bürger sich die Frage stellen: Sind wir eine wirklich wunschgemäß zusammengesetzte und insofern wirklich eine freiwillige Solidargemeinschaft? Da ein Bürgergeldsystem das denkbar transparenteste aller Sozialstaatssysteme ist, würde diese Frage daher in einem Bürgergeldstaat eher, häufiger und nachdrücklicher gestellt werden als in herkömmlichen Systemen.

---

[1]S. Wehner (2006, S. 63), und Wehner (2001, S. 89 ff.).

Da eine Realisierung des Bürgergeldes noch in ziemlich weiter Ferne liegt, ist nicht abzusehen, bei welchem politischen Bewusstseinsstand und in welcher politischen Problemlandschaft ein Bürgergeld einmal auf die politische Agenda kommen wird. Dies könnte daher in einer Zeit geschehen, in der die Fragen der Reichweite der spontanen Solidarität und der Freiwilligkeit der Mitgliedschaft im Solidarstaat viel mehr Aufmerksamkeit erlangt haben als bisher. Wenn dann das Bürgergeldkonzept nicht auch unter diesem Aspekt gründlich diskutiert und durchdacht ist, werden seine Erfolgsaussichten schon deswegen gering sein.

Der gegenwärtig herrschende politische Diskurs verleitet dazu, solche Fragen zu verdrängen oder sie als politisch unkorrekt abzutun. Ganz unbegründet ist dies nicht. Wo die Bürger über die Abgrenzung ihrer staatlichen Solidargemeinschaft frei entscheiden können, besteht auch immer die Möglichkeit von Ausgrenzungen aus dieser Gemeinschaft, und solche Ausgrenzungen könnten als verwerflicher Akt der Entsolidarisierung empfunden werden. Dies hält aber einer nüchternen Analyse nicht stand. Jede aus dem Bürgerwillen entstandene Neuabgrenzung von Solidarstaaten würde die spontane innerstaatliche Solidarität stärken, und dies würde besonders den Schlechtestgestellten der neu abgegrenzten Gemeinschaften zugutekommen. Nach Abspaltung einer ärmeren Region von einem reicheren Solidarstaat könnte es daher den Ärmsten dieser ärmeren Region nicht nur subjektiv erheblich besser gehen als vorher.

Sicher sind solche Überlegungen für viele bestehende Nationalstaaten auf absehbare Zeit politisch nicht relevant. Am wenigsten sind sie es für etablierte, historisch gefestigte Nationalstaaten von überschaubarer Größe und mit vergleichsweise homogener Bevölkerung. Das Bürgergeldkonzept ist aber nicht nur ein Konzept für diese Kategorie von Staaten. Es ist zumindest auf sehr lange Sicht ein universelles Konzept, dessen Chancen und Risiken daher für Staaten aller denkbaren Größen und Eigenschaften ausgelotet werden sollten.

Universell wird das Bürgergeldkonzept erst dann, wenn es auch eine universelle Lösung dafür anbietet, wie im Bürgergeldsystem staatliche Solidargemeinschaften in freier Entscheidung zusammenfinden und sich abgrenzen können. Diese Lösung kann nur in einem wirksamen Selbstbestimmungsrecht bestehen, im Recht also auf direkte Bürgerentscheidungen über die Grenzen von Bürgergeldstaaten. Dies wiederum führt zurück zu elementaren Fragen der Staatsordnung. Für ein solches Selbstbestimmungsrecht bedürfte es neuartiger iterativer Abstimmungsverfahren, für die bestehende Verfassungen und bestehendes Wahlrecht keine hinreichende Grundlage bieten. Solches Selbstbestimmungsrecht wäre daher nicht ohne grundlegende Reformen der einzelstaatlichen und auch der zwischenstaatlichen Ordnung realisierbar, also auch nicht ohne eine grundlegende Erneuerung der bestehenden Demokratie.

Ein Projekt für das 22. Jahrhundert? 9

Die Diskussion über Bürgergeld und bedingungsloses Grundeinkommen war bisher keine Erfolgsgeschichte, und wenn sie mit den gleichen Argumenten weitergeführt wird, kann sie es auch nicht werden. Um dem Bürgergeld wenigstens für eine fernere Zukunft Realisierungschancen zu eröffnen, müsste es, wie oben erläutert, in einem viel weiteren politischen Zusammenhang und mit einem viel weiteren gedanklichen Zeithorizont diskutiert werden als in der Vergangenheit.

Ein wichtiger Schritt wäre es aber schon, wenn die Bürgergelddiskussion sich ihrer beiden offenkundigsten und zugleich verbreitetsten Irrtümer entledigte. Zum Einen ist dies der Irrtum, das Bürgergeld nehme Menschen den Arbeits- und Leistungsanreiz, es mindere daher den allgemeinen Wohlstand und sei schon deswegen unbezahlbar. Dieser Einwand richtet sich allein gegen ein fiktives überhöhtes Bürgergeld, für das es im politischen Entscheidungsprozess keine Realisierungschance gäbe. So fiktiv wie dieses überhöhte Bürgergeld, so überflüssig ist daher die Debatte hierüber.

Der andere große Irrtum ist die Erwartung, die Einführung eines Bürgergeldsystems sei ein politischer Akt wie viele andere und es bedürfe dafür nur eines gewöhnlichen Mehrheitsbeschlusses eines gewöhnlichen Parlaments. Diese Erwartung beruht auf einer Unterschätzung der Transformationsprobleme und auf einer Überschätzung bestehender demokratischer Verfahren.

Wenn diese beiden Irrtümer in der öffentlichen Diskussion überwunden würden, dann würde damit ein Anfangskonsens vorstellbar, der die Bürgergelddiskussion in viele neue Richtungen offenhielte. Ein Anfangskonsens darüber nämlich, dass das Bürgergeld zwar bezahlbar und in vielerlei Hinsicht bereichernd ist, dass es aber ohne politische Systemreform nicht zum Erfolg geführt werden kann.

In der bestehenden Staatsordnung wird ein Bürgergeldsystem schwerlich zu realisieren sein, aber schwer vorstellbar ist auch, dass ein einmal eingeführtes

© Springer Fachmedien Wiesbaden GmbH 2018   37
B. Wehner, *Die politische Logik des bedingungslosen Grundeinkommens,*
essentials, https://doi.org/10.1007/978-3-658-20227-9_9

Bürgergeldsystem in dieser Ordnung kompetent und damit erfolgreich gehandhabt würde. Das gilt auch und besonders für die Fragen der freiwilligen Mitgliedschaft im Solidarstaat und für den Einsatz des Bürgergeldes zur demografischen und konjunkturellen Stabilisierung.

Beim Wechsel zu einem Bürgergeldsystem müsste die Zuständigkeit für den Sozialstaat in die Hände einer Entscheidungsinstanz gelegt werden, die auf die damit verbundenen Anforderungen möglichst genau zugeschnitten ist. Dies müsste eine wirkliche Entscheidungsinstanz sein, also nicht etwa nur ein beratendes Gremium, wie es sie in einigen bestehenden Demokratien unter Bezeichnungen wie Zukunftsrat oder ähnlichen bereits gibt oder geben soll. Um eine solche Instanz möglich zu machen, wird letztlich auch die Demokratie als ganze auf den Prüfstand zu stellen sein. Erst damit werden sich Perspektiven für eine leistungsfähigere, z. B. postdemokratisch oder neokratisch zu nennende Staatsordnung eröffnen, die dem Bürgergeldprojekt gewachsen sein könnte.[1]

Solche Überlegungen rücken ein reales Bürgergeld erst einmal in utopische Ferne, und dies umso mehr, als einem politischen Systemwechsel ein umso breiterer politischer Bewusstseinswandel vorausgehen müsste. Erst lange danach könnte der generationenlange Prozess beginnen, in dem die Klientel eines Bürgergeldsystems Jahrgang für Jahrgang heranwüchse und die Klientel des alten Sozialstaats nach und nach ausstürbe. Damit wäre dieser Systemwandel nicht nur ein generationen-, sondern ein jahrhunderteübergreifendes Vorhaben.

Das bedeutet aber nicht, dass das Projekt Bürgergeld nicht gegenwärtig schon brandaktuell wäre. Gerade weil es in der Praxis einen so langen Vorlauf hätte, sollte umso früher und engagierter dafür gestritten werden. Die Langfristigkeit dieses Prozesses ist Herausforderung und Entmutigung zugleich, aber erst wenn diese Langfristigkeit als unvermeidlich angenommen ist, werden reale politische Fortschritte in Richtung Bürgergeld möglich.

Angesichts dieses fernen Zeithorizonts mag die Entmutigung überwiegen, aber es gibt eine einfache gedankliche Übung, mit der man sich des Sinns und der Bedeutung des Bürgergeldprojekts immer wieder vergewissern kann. Man muss sich dafür in die Lage späterer, in einem Bürgergeldsystem lebender Generationen versetzen und sich fragen, ob diese sich für eine Rückentwicklung zum Sozialstaat heutiger Prägung entscheiden könnten.

Nichts spräche für ein solches Szenario. Über eine eventuelle künftige Abkehr vom Bürgergeldsystem wäre vor dem Hintergrund eines politisch gewollten Bürgergeldes und eines politisch gewollten ergänzenden Sozialversicherungssystems

---

[1]Wehner (2006). Zum Neokratiekonzept s. auch den Gesamtkatalog http://www.reformforum-neopolis.de/reformforum/gesamtkatalog/-demokratie.html.

zu entscheiden. Wenn künftige Bürger dieses zuvor gewollte Gesamtsystem aufgäben, verlören sie damit alle oben genannten positiven Effekte des Bürgergeldsystems wie das Mehr an Solidarität und sozialer Gerechtigkeit, den sichereren sozialen Frieden, das Mehr an Kreativität und das zumindest mögliche Mehr an Beschäftigung und allgemeinem Wohlstand. Eine freiwillige, politisch gewollte Rückkehr zum starren, intransparenten, nur aus seiner langen und verworrenen Entwicklungsgeschichte erklärlichen Sozialsystem früherer Generationen wäre aus dieser Lage heraus kaum vorstellbar. Am wenigsten würden künftige Generationen die Transparenz und Verständlichkeit, den politischen Gestaltungsspielraum und die Offenheit für Reformen aufgeben wollen, die das Bürgergeldsystem ihnen geschaffen hätte.

Wer gegen ein Bürgergeldsystem streitet, kann daher nicht geltend machen, er streite im Interesse künftiger Generationen. Der Entwicklung hin zu einem Bürgergeldsystem im 22. Jahrhundert steht nichts im Wege außer der Gleichgültigkeit der Lebenden.

Was Sie aus diesem *essential* mitnehmen können

- Befreiung von ideologischen Festlegungen der bisherigen Grundeinkommensdebatte
- Verständnis für die politischen Probleme und Verfahren der Umstellung auf ein Bürgergeldsystem
- Realistische Einschätzung des Zeithorizonts für die Realisierung von Bürgergeldsystemen
- Verständnis für den Zusammenhang zwischen politischer Ordnung und den Chancen eines Bürgergeldsystems
- Einblick in erweiterte Anwendungsmöglichketen des Bürgergeldes

© Springer Fachmedien Wiesbaden GmbH 2018

B. Wehner, *Die politische Logik des bedingungslosen Grundeinkommens,*
essentials, https://doi.org/10.1007/978-3-658-20227-9

Literatur

Rawls, John J. 1971. *A theory of justice*. Cambridge: Harvard University Press. Deutsche Übersetzung: Rawls, John J. 1975. *Eine Theorie der Gerechtigkeit*. Frankfurt a. M.: Suhrkamp.

Wehner, Burkhard. 1990. *Der lange Abschied vom Sozialismus*. Frankfurt a. M.: Anton Hain.

Wehner, Burkhard. 1992. *Der Neue Sozialstaat. Vollbeschäftigung, Einkommensgerechtigkeit und Staatsentschuldung*. Opladen: Westdeutscher Verlag.

Wehner, Burkhard. 1995. *Die Logik der Politik und das Elend der Ökonomie*. Darmstadt: Wissenschaftliche Buchgesellschaft.

Wehner, Burkhard. 1997. *Der Neue Sozialstaat*. Entwurf einer neuen Wirtschafts- und Sozialordnung. Opladen: Westdeutscher Verlag.

Wehner, Burkhard. 2001. *Die andere Demokratie. Zwischen Utopie und reformerischem Flickwerk*. Wiesbaden: Deutscher Universitätsverlag.

Wehner, Burkhard. 2004. Die Logik der Geldpolitik (2). http://www.reformforum-neopolis. de/files/die_logik_der_geldpolitik_2.pdf.

Wehner, Burkhard. 2006. *Von der Demokratie zur Neokratie. Evolution des Staates, Revolution des Denkens*. Hamburg: merus.

© Springer Fachmedien Wiesbaden GmbH 2018

B. Wehner, *Die politische Logik des bedingungslosen Grundeinkommens*, essentials, https://doi.org/10.1007/978-3-658-20227-9